人の作品を使いたいときは何をする？

著作権のトリセツ

❶ 引用しよう

監修：上沼紫野（弁護士・LM虎ノ門南法律事務所）
協力：涌井陽一（日本出版美術家連盟理事／日本美術著作権連合理事）

テレビ
ばんぐみ

じ　じゅぎょうで
　　つくった
　　さくぶん

あ　アニメ
　　さくひん

む　むめいのひと
　　とったしゃしん

ほ　ほんやく
　　されたほん

さ　サブスクで
　　きけるきょく

こ　こくごじてん

汐文社

まえがき

　みなさんは、学校や自宅で、作文を書いたり、絵を描いたりすると思います。そういった自分の「作品」を、他人に勝手に扱われたら、いやな気持ちになりませんか？

　みなさんが生み出した作品は、「著作権法」という法律で守られています。著作権法では、自分の作品が、勝手に他人に扱われることがないようにするためのルールが定められています。

　このシリーズは、著作権法にもとづいて、他人が創作した作品を正しく扱う方法を紹介するものです。1巻では「引用」というルールを正しく扱うことを解説していきます。このシリーズを読み、自分の作品と同じように、他人の作品も大事に利用できるようになりましょう。

もくじ

「調べ学習」作品作りのある日
〜こんなことやってない？ 4

どんなものが著作物になるの？ 6

クイズ どれが保護される著作物かあててみよう！ 8

他人の著作物を使うときの4ステップ 10

ルールを守ってこそ、著作者の許可なしで利用ができる 12

引用してみよう【文章編】 14

引用してみよう【図表編】 20

引用してみよう【写真や絵編】 24

引用してみよう【Web編】 26

著作者がもっている権利ってどんなもの？ 28

さくいん 30

「調べ学習」作品作りのある日

～こんなことやってない？

なぜ、他人の作品は勝手に使えないの？

作品を作った人がいろいろな権利をもっているから

人が生み出した作品は「著作物」とよばれ、それを生み出した人の財産となります。人の財産を、他人が勝手に使うことはできませんね。そして、著作物の作者は「著作者」とよばれ、作品を勝手に使われたり、まねされたり、売られたりしない権利をもっています。まずはこのことを覚えておきましょう。

※著作権法第35条には、学校などの教育機関において授業を受ける者はその必要と認められる限度において、公表された著作物を複製することができるとありますが、ここでは研究結果をコンクールに応募する前提で描かれており、本条のケースにあてはまらないと考えます。くわしくは3巻で説明します。

どんなものが著作物になるの?

著作物とは具体的にどんなものでしょうか。著作権法では、「思想または感情を創作的に表現したものであって、文芸、学術、美術または音楽の範囲に属するもの」と書かれています。つまり、自分の感情をこめて考え、表現した文学や音楽、美術などが著作物になるのです。

著作物の条件

- 創作的である
- 表現したものである
- 思想または感情がこめられている
- 文芸、学術、美術または音楽の範囲に属している

著作物にはこんな種類があるよ！

論文、作文、小説、脚本、俳句などの **言語**

楽曲や曲をともなう歌詞などの **音楽**

バレエ、ダンス、舞踏、パントマイムなどの **舞踊**

絵画、版画、彫刻、まんが、舞台装置などの **美術**

芸術的な建築物、モニュメントなどの **建築**

映画、テレビ番組、ビデオ、ゲームソフトなどの **動画**

人や風景などを写した **写真**

地図、学術的な図面、図表、設計図、模型、地球儀などの **地図・図形**

コンピュータ・プログラムなどの **プログラム**

わあ〜！ぼくが毎日見ているものも著作物なんだ！

わたしが描いた絵も著作物になるのかな……？

もちろん！作った人の年齢や有名・無名の差は関係ありません

物かあててみよう！

7 まんがのストーリーのアイデア

8 翻訳された本

9 注文で作った家

10 雑誌の特集のタイトル

11 無料で公開しているイラスト

12 裁判所の判決

13 無名の人が撮った写真

正解は全部で7つあるんだって！

答えと解説は29ページにあるよ。

他人の著作物を使うときの4ステップ

　作った人のたくさんの思いがこめられている著作物は、その多くがさまざまな苦労を重ねた上で完成したものです。また著作物によっては、たくさんの人が関わっていたり、多くの時間やお金がかけられたりしてできています。そうした著作者の努力や労力を尊重して作られた法律「著作権法」では、第三者が著作物を正しく利用するための方法が定められています。
　他人の著作物を利用したいと思ったら、著作権法で定められたルールを守り、右ページのステップを確認して使うようにしましょう。

| ステップ1 | **日本で保護されている著作物？**
基本的に海外の著作物でも、日本で利用する場合は日本の著作権法に従います。つまり日本国内にある多くの著作物はここでは「はい」となります。 | いいえ |

↓ はい　※くわしくは2巻6ページ参照。

| ステップ2 | **著作権の保護期間内のもの？**
著作権は永久に保護されるわけではなく、一定の期間がすぎれば権利はなくなります。 | いいえ |

↓ はい　※くわしくは2巻8ページ参照。

| ステップ3 | **「例外的に許可を取らずに利用できる」と認められているもの？**
著作物の使用にすべて許可が必要となると、制限がありすぎて大変なため、例外が設けられています。 | はい |

→ 許可を取らずに利用が可能

↓ いいえ　※くわしくは3巻参照。

| ステップ4 | **著作権の管理者を調べて許可をもらう** |

> ステップ1、2、4は2巻でくわしく説明するよ

> 1巻で取りあげる「引用」は、この「例外」として認められているんだよ

ルールを守ってこそ、著作者の許可なしで利用ができる

　ここまでで、他人の著作物を使いたいと思ったときは、著作権法で定められたルールを守って使うということがわかりました。ここから紹介する「引用」も、著作権法で定められたルールのうちの1つです。正しく引用するためには、ルールに沿った使い方をする必要があります。たとえば、引用部分はカギカッコでくくるなどして区別をわかりやすくすること、他人の著作物がほとんどになっていないこと、「だれの」「どの本や新聞の」「どのWebサイトの」ものなのかの情報を正しく書くことなどです。

\\ はじめに覚えておきたい /
引用するときの5つのルール

1 引用する著作物は公表されたものである

2 自分の著作物のために引用がどうしても必要

3 自分の著作物が中心（主）で引用はその一部（従）である

4 引用した部分をカギカッコ（「 」）でくくるなど自分の文章とは区別する

5 引用してきた著作物の情報がわかるように明記する

　ちなみに引用のルール以外で、他人の文章や写真、絵などの著作物を、自分の著作物などにのせることを「引用」と区別する意味で「転載」ということがあります。引用とは異なり、いわゆる転載は著作者の許可を取って使う必要があります。

引用してみよう【文章編】

　本や新聞などの文章を、自分の文章の中で使うことを文章の引用といいます。自分の意見を表現するため、史実を正しく伝えるときに調べた根拠になる資料を紹介するためなど、自分の文章を補うことが必要なときに文章の引用を行えます。ほかの著作物に引用された文章をさらに引用することはさけましょう。

引用のポイント 1　カギカッコでくくる

　ほかの人が書いた文章と自分の文章は、区別しなければいけません。そのため、本などにのっている文章を使うときは、その部分をカギカッコ（「　」）などでくくりましょう。

> ……そこで、ぼくはマークについて調べてみた。「環境にやさしい材料を使い、つくる人の人権に配慮され、社会や地域の持続に貢献する商品であることも大事です。このような『エシカル（倫理的な）消費』について、学校や家庭で話しあってみましょう。その目安となる『エシカルマーク』にも注目しましょう。」と本にも書かれているとおり、

　ココが引用された文章だとすぐにわかるね！

……そこで、ぼくはいろいろな商品のマークについて調べてみた。環境にやさしい材料を使い、つくる人の人権に配慮され、社会や地域の持続に貢献する商品には、エシカルマークというマークがついていることがわかった。

これでは、どこが引用した文章かわからないね

カギカッコでくくらない引用もある!

文章の引用で多く使われているのは、カギカッコなどでくくる方法です。けれども、文章を独立させたり文字のサイズや色を変えたりして、引用部分を示す方法もあります。以下は「ブロック引用」といって比較的長い文章を引用する場合に使います。

ブロック引用の具体例

そこで、ぼくは資源のむだづかいについて調べてみた。

1行ほど間をあける

　　環境にやさしい材料を使い、つくる人の人権に配慮され、社会や地域の持続に貢献する商品であることも大事です。

1行ほど間をあける

このことから、商品の価格について……

引用部分は2文字程度下げて書く

引用してみよう【文章編】

引用のポイント 2 必要な部分だけ使う

引用する文章は必要な部分だけを抜き出します。自分の意見を主張するのですから、内容も分量も、自分の文章が「主」になるように書きましょう。引用する文章は、あくまでも自分の文章を補う役割の「従」となる必要があります。

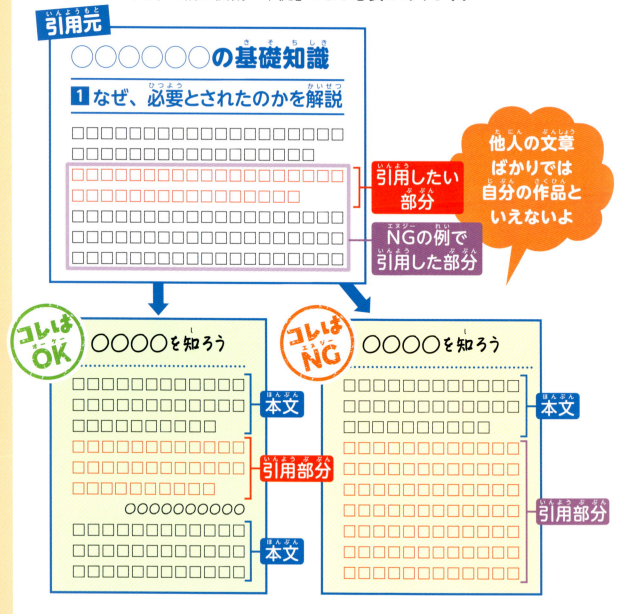

3 元の文章をそのまま抜き出す

引用する元の文章を書きかえるのはNGです。たとえ、その文章に誤字があっても、そのまま書き写しましょう。ただし、カギカッコが含まれている場合は、引用のカギカッコと混同するので二重カギカッコ(『　』)に書きかえても問題ありません。

> 人の文章を勝手に変えてはいけないんだね

引用のポイント
4 引用元を書く

13ページでも説明したとおり、何から引用したか、だれが見てもわかるように書く必要があります。この引用の元となる著作物の情報を「出典」や「出所」などといいます。文章の最後など一区切りついた後に書きましょう。

……その目安となる『エシカルマーク』にも注目しましょう。」と本にも

書かれているとおり、エシカルマークには、環境や生物多様性、

社会、人、地域に配慮したさまざまなものがあることがわかった。

出典：原琴乃作『わたしもできる！ 世界とつながるSDGsアクション
②「ありがとう」の気持ちでたいせつに』汐文社、発行2022年、9ページ

<調べてわかったこと>

● 環境にやさしい商品にはエシカルマークがついている。

● エシカルマークには環境や生物多様性、社会、人、

地域に配慮したさまざまな種類のものがある。

引用元の情報

> 引用する文章が翻訳されたものの場合、原書の情報も書いておこう

● 著者名(作者名)
● 書名(論文名、タイトルなど)
● 出版社名(公表している元)
● 発表年(出版年)
● ページ数(どのページから引用したか、すぐにわかるように)

新聞の場合は、記事タイトル、新聞紙名、発表年月日、朝刊か夕刊か、ページ数などを書く。

※引用元の情報の並び順や「、」「,」「.」などの使い方にはいくつかのスタイルがあります。基本的に情報がきちんとわかりさえすれば問題ありません。気になる場合は提出先にたずねてみましょう。
※引用元の情報が複数ある場合は、引用部分に「1)、2)、3)」などと数字をふり、対応する引用元の情報にも同様に「1)、2)、3)」とつけるなどして、どの引用箇所がどの情報になるのかをわかりやすく書きます。

18

「図書館を使った調べる学習コンクール®」の場合

「図書館を使った調べる学習コンクール®」（主催：公益財団法人図書館振興財団）の応募作品は、引用した本や参考にした本のリストを以下のようにまとめ、作品の巻末につけています。このコンクールに応募するときは、作品のどこで使ったかわかるよう、右のように引用した文章の近くに、書名とページ数などを書いておきましょう。

> マークには、環境や生物多様性に配慮したさまざまなものがあること
>
> 『わたしもできる！ 世界とつながるSDGsアクション②「ありがとう」の気持ちでたいせつに』
> 9ページ

（引用した文章の近くに書く場合の表記例だよ）

●参考・引用文献リスト

No.	著者名	書名	出版社名	出版年	ページ	図書館名 請求記号
1	原琴乃	わたしもできる！世界とつながるSDGsアクション②「ありがとう」の気持ちでたいせつに	汐文社	2022年	9ページ	○○市立図書館

※「図書館を使った調べる学習コンクール®」の実際の応募作品にルビはついていません。

引用元の情報は本のどこを見て書くの？

引用元が本の場合、書く必要のある情報は、本の最後などにある「奥付」とよばれるところにのっています。右の例のように、ページ数以外はこのページを見ながら書くといいでしょう。

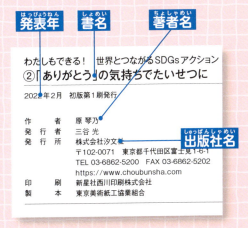

19

引用してみよう【図表編】

　ここからは、本や新聞、インターネット上で公表されているグラフや地図などのうち、著作物となる図表を自分の文章の中で引用する場合について紹介します。

1 図表を複製して使う

　引用する図表を本からコピーし、貼るなどして使います。他人の著作物を勝手に変えて使うことはできないので、改変せずに使うようにしましょう。

　日本の人口は10年以上減り続けているとニュースで聞きました。けれども、東京都は増えた年もあり、神奈川県、埼玉県、千葉県もあまり減っていないそうです。「日本の人口分布」を見ると、いくつかの都市に人口が集中していることがわかります。

引用のポイント 2 引用元を書く

文章の引用と同じで、何から引用したか、だれが見てもわかるように情報を書きます。図表のすぐ下に書くのが基本です。

> ました。けれども、東京都は増えた年もあり、神奈川県、埼玉県、千葉県もあまり減っていないそうです。「日本の人口分布」を見ると、いくつかの都市に人口が集中していることがわかります。
>
>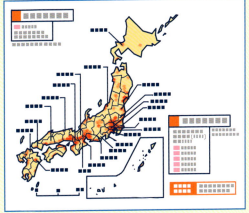
> 出所：○○○○『○○の地図帳』
> ○○出版、発行2022年、○○ページ

図表のすぐ下に入れるとわかりやすいね！

引用元の情報

- タイトル、調査名など
- 公表している団体・人名
- 発表年または調査した年
- 本の場合は、書名・著者名・出版社名、Webサイトの場合はURL

※図表は、創作性のあるもの以外、著作物とみなされないことが多いです。ただし引用ではない場合でも、その図表の正確性を証明するために図表の元の情報を書いておきましょう。

引用してみよう【図表編】

図表の数値を元に新しい図表を作ることもできる！

図表の単なる数値は著作物ではない

20～21ページの例は著作物にあたる図表を引用する場合でしたが、自分の文章中にその数値を抜き出して使うこともできます。たとえば、下の「元の図表」から、「日本で一番たくさん作られている果物はりんごで、令和4年には737,100トン作られました。2番目に多いのは……」などと使う場合です。

また図表の数値を元に、自分で新しい図表を作って使うこともできます。

元の図表

表にした例

		収穫量（トン）
1位	りんご	737,100
2位	みかん	682,200
3位	かき	216,100
4位	日本なし	196,500
5位	ぶどう	162,600

グラフにした例

調べた数値を元にパソコンでこんなグラフも作れるよ！

※22ページのデータは、「作物統計調査」農林水産省、2022年
（https://www.e-stat.go.jp/stat-search/files?stat_infid=000040130021）を元に作成。

そもそも図表内の単なる数値は著作物ではなく、著作権的な意味での出典や出所のような元となる図表の情報の明示も必要ありません。けれども、自分の文章の客観的な裏づけを示すために役立ちますので、元となる統計や図表の情報を記しましょう。

使う用途ごとにグラフの種類を使いわけよう

数値を視覚的に表現した図表であるグラフは、何を伝えたいかによって適した形状があります。目的にあわせて使いわけましょう。

絵グラフ
何のグラフかすぐわかる

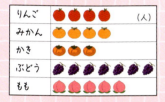

棒グラフ
多いか少ないかが棒の高さでわかる

折れ線グラフ
増えているか減っているかの**変化**がわかる

帯・円グラフ
全体の中で**どれくらいか**がわかる

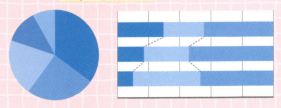

柱状グラフ
数値の**ちらばりぐあい**がわかる

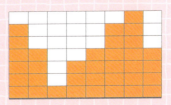

引用してみよう【写真や絵編】

ここでは、本や雑誌、新聞などにのっている写真やイラストなどの絵を、自分の文章の中で引用する場合について紹介します。

引用のポイント 1 写真や絵を複製して使う

引用する写真や絵を本などからコピーし、貼るなどして使います。他人の著作物を勝手に変えて使うことはできないので、改変せずに使うようにしましょう。

なぜ、こんなに地域によって人口が違うのでしょうか。とくに東京都は人が多いので通勤や通学の時の電車はとても混みます。同じ駅の昼間の写真と比べてみると、何倍もの人が歩いていることがわかります。……

※他人が写っている写真を使うような場合には、肖像権（自分の姿が写った映像や画像を他人に無断で使用されない権利）にも配慮しましょう。
※写真や絵の引用については、正しく引用が行われているか判断がつきづらいといわれています。判断がむずかしいときは、著作権の管理者へ許可を取って利用することが多いようです。

引用のポイント 2 引用元を書く

写真については書名や出版社名のほかに、その写真を撮影した人、絵であれば絵を描いた人などの名前も記します。

上／「見直しが迫られる通勤ラッシュ」○○新聞朝刊、○○撮影、20××年○月○日
下／「□□駅今昔」□□新聞朝刊、□□撮影、20××年□月□日

※引用元の情報が複数ある場合は、上のように「上、下」とつけるか、引用部分に「1)、2)、3)」などと数字をふり、対応する引用元の情報にも同様に「1)、2)、3)」とつけるなどして、どの引用箇所がどの情報になるのかをわかりやすく書きます。

引用元の情報

- 著者名（撮影した人、絵を描いた人など）
- 書名、新聞名など
- 出版社など（公表している元）
- 発表年（出版年）
- ページ数

写真やイラストなどの絵の引用についてはトラブルが多く注意が必要です。13ページにあるように、引用は自分の著作物のためにどうしても必要なケースでのみ可能です。単に紙面をにぎやかすためなどのいわゆる「転載」は、きちんと著作者や権利の管理者に許可を取ってから行いましょう。

引用してみよう【Web編】

　最後に、Webサイトにのっている文章を、自分の文章の中で引用する場合について紹介します。なお13ページで書いたように、引用が可能なのは引用がどうしても必要で、さらに自分の文章に対して「従」の関係におさまるときにかぎります。

引用のポイント 1　引用部分をカギカッコでくくる

　本や雑誌、新聞から引用する場合と基本的なルールは一緒です。引用部分はカギカッコ（「」）でくくるなどしましょう。

> ● 日本に関わりのある外国人③
> ウルグアイ第40代大統領ホセ・ムヒカさんは、「幼い頃、自宅の近所に10軒か15軒ほどの日本人家族が住んでいたそうです。ムヒカさんは彼らの農園を手伝いながら、道具の使い方や剪定の方法など、花の栽培について指導を受けました。『日本人はとてもいい人たちで、そして働き者だった──』」と語っています。
> こうしたエピソードから……

ココが引用部分だね！

引用のポイント 2 引用元を書く

そのWebサイトを作った人または団体名と、サイトのタイトル名などの引用元の情報を書きましょう。外務省や総務省などの国の各機関が発表している統計などのデータはその多くが自由に使ってよいと考えられていますが、利用するときのルールを定めているものがほとんどです。サイトの一番下に書かれている「利用規約」や「サイトの利用について」などを参考に情報を書きましょう。

引用元の情報

- そのWebサイトを作った人・団体名
- Webサイト名とサイトの中のどのページか
- 更新年月日(最終アクセス日)
- URL

URLとはこの部分のことだよ

書き写すのが大変ならURL部分をコピーして貼りつけよう

インターネット上には、Webサイトを作った人やその文章を書いた人の名前が書かれていないものや、正しい情報かどうか疑わしいものがあります。そのため、国の機関や新聞社などの大手メディアといったところの、多くの人に紹介しても問題がない、信頼性の高いサイトから引用するようにしましょう。

著作者がもっている権利ってどんなもの？

　最後に、著作権の基礎についてもふれておきます。著作権の内容は、大きく2つにわけて定められています。1つは「著作者人格権」といって、著作物をとおして表現された著作者の人格を守るもので、以下の権利があります。

> 著作物を公表するか、
> どんな公表方法にするかを決める権利

> 著作物へ自分の氏名を表示するか、
> どのように氏名を表示するかをを決める権利

> 著作物のタイトルや内容を
> 勝手に変えられない権利

　もう1つは「著作権（財産権）」といって、著作者の財産を守るものです。著作者は著作物の利用を許可して、その使用料を受け取ることができるのです。ちなみに、歌手や俳優、放送事業者など、著作物を世の中に広める役割をした人にも、その著作物を勝手に使われない権利（著作隣接権）が認められています。

これが著作物を世の中に広める役割をした人などの権利だね

　これらの権利を無視して勝手に使うと、「著作権侵害」として、刑事罰（10年以下の懲役または1000万円以下の罰金、あるいはその両方）や損害賠償請求がなされる場合もあります。

8-9ページのクイズの解答はこちら！

著作物として保護されているのは ②　③　⑤　⑥　⑧　⑪　⑬

　無名の人の作品も、無料で公開している作品も著作物。また、翻訳された本は「二次的著作物」、辞書や雑誌、百科事典などは「編集著作物」という著作物になります。日本国憲法や裁判所の判決は著作物ですが、権利の保護はありません。一方、国の統計データやありふれた表現、タイトルなどの短い文章、発表していないアイデア、プログラム言語などは著作物にはなりません。ニュースは著作物ですが、死亡記事などの短い事実の伝達は保護対象外です。また、⑨のような一般の家は実用性が重要視されていて創造性が認められないので、やはり該当しません。

さくいん

あ

絵グラフ …………………… 23
奥(おくづけ)付 ……………………… 19
帯(おび)・円(えん)グラフ …………………… 23
折(お)れ線(せん)グラフ ………………… 23

か

改変(かいへん) ……………………… 20、24
コピー ……………………… 20、24、27

さ

出典(しゅってん) ……………………… 18、23、27
肖像権(しょうぞうけん) …………………… 24
図表(ずひょう) ……………………… 7、20、21、22、23
損害賠償請求(そんがいばいしょうせいきゅう) ………………… 29

た

柱状(ちゅうじょう)グラフ ………………… 23
著作権(ちょさくけん) ……………………… 11、23、24、28、29
著作権侵害(ちょさくけんしんがい) …………………… 29

30

著作権法……………………… 2、5、6、8、10、11、12
著作者………………………… 5、10、12、13、25、28、29
著作者人格権………………… 28、29
著作物………………………… 5、6、7、8、10、11、12、13、
　　　　　　　　　　　　　　 14、18、20、21、22、23、24、
　　　　　　　　　　　　　　 25、28、29
著作隣接権…………………… 28、29
転載…………………………… 13、25

は

ブロック引用………………… 15
棒グラフ……………………… 23
保護期間……………………… 11

や

URL…………………………… 21、27

ら

利用規約……………………… 27
例外…………………………… 11

31

● 監修／上沼紫野（うえぬま・しの）

LM虎ノ門南法律事務所所属弁護士。1997年に弁護士登録。2006年にニューヨーク州弁護士登録。知的財産、IT関連、国際契約等の業務をおもに行う。総務省ICTサービス安心・安全研究会「青少年の安心・安全なインターネット利用環境整備に関するタスクフォース」委員、こども家庭庁「青少年インターネット環境の整備等に関する検討会」委員などを務める。共著に『著作権法実戦問題』（日本加除出版）、監修に『改訂新版　学校で知っておきたい　著作権』シリーズ（汐文社）などがある。

● 編集／スタジオ・マナ（橋本真理子）

一般書籍、雑誌、企業の冊子、Webを中心に、企画・編集・執筆を行っている。おもな制作物に『東京フィフティ・アップBOOK』（東京都福祉保健局）、『からだにいいこと』（世界文化社）、『たまひよオンライン』（ベネッセコーポレーション）、『気をつけよう！ ネット動画』シリーズ、『のぞいてみよう　外国の小学校』シリーズ（以上、汐文社）などがある。

● 協力／涌井陽一

一般社団法人日本出版美術家連盟理事（著作権担当）、日本美術著作権連合理事

● 協力／公益財団法人図書館振興財団

● イラスト／どいまき　　● デザイン／大岡宏子　　● 編集担当／門脇 大

● 参考

原琴乃作『わたしもできる！　世界とつながるSDGsアクション②「ありがとう」の気持ちでたいせつに』汐文社、発行2022年
汐文社「ムヒカさん映画公開記念　特設ページ」最終アクセス日2024/11/22
https://www.choubunsha.com/special/president/

● 写真提供

極楽蜻蛉、nonpii、Fast&Slow、Graphs、マハロ、Tzido、ちっち、shimi、kckate16／PIXTA

人の作品を使いたいときは何をする？　著作権のトリセツ
①引用しよう

2025年2月　初版第1刷発行

編　集	スタジオ・マナ
発行者	三谷　光
発行所	株式会社汐文社
	〒102-0071　東京都千代田区富士見1-6-1
	TEL 03-6862-5200　FAX 03-6862-5202
	https://www.choubunsha.com
印　刷	新星社西川印刷株式会社
製　本	東京美術紙工協業組合

ISBN978-4-8113-3206-2